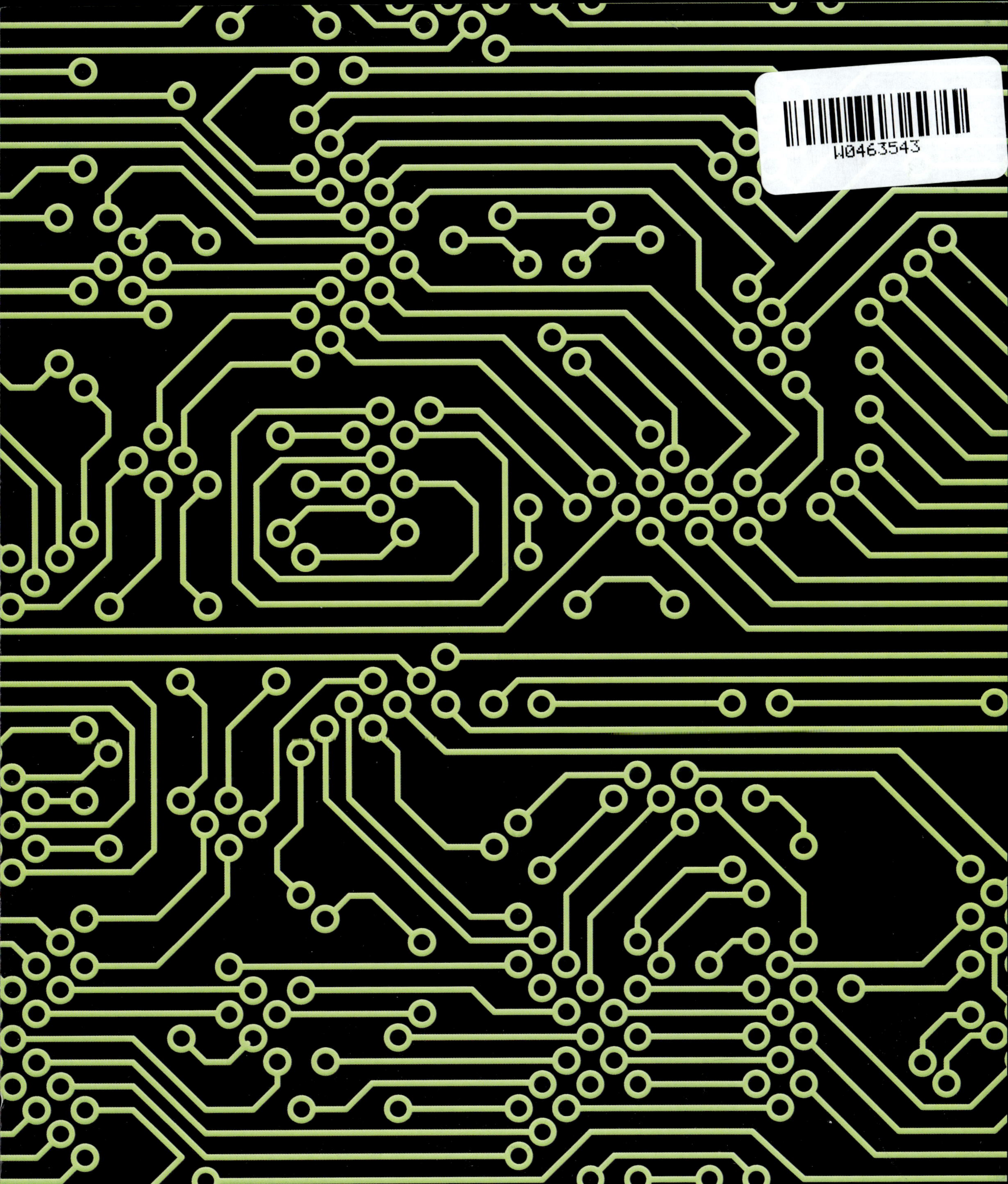

Hinweis: Alle Basteleien in diesem Buch sollten von Erwachsenen beaufsichtigt werden. Eine Haftung des Autors oder des Verlags für Personen-, Sach- oder Vermögensschäden ist ausgeschlossen.

Auflösung der verschlüsselten Nachrichten vom 5. Tag:

1. AUSSERIRDISCHE SIND GELANDET!
2. EIN FEINDLICHER AGENT HAT MICH IN SEINER GEWALT!
3. KOMM INS HAUPTQUARTIER!

Published by arrangement with Kingfisher Publications plc

Übersetzung der dt. Ausgabe: Martina Gorgas
Covergestaltung der dt. Ausgabe: Matthias Reinhard

Englischer Originaltitel: How To Be A Spy In 7 Days Or Less

ISBN 978-3-7886-1731-8

Printed in China

Wie werde ich Geheimagent in nur 7 Tagen

Von Justine Smith
Illustrationen von Jan Lewis

TESSLOFF

1. Tag Geheimagenten-Schule

Pst! Du da drüben! Komm zu mir, aber tu so, als würdest du auf jemanden warten. Verhalte dich ganz normal! Halte deine Augen offen, ob dir jemand folgt. Ich bin Geheimagent Boss. Ich bin der Beste in unserer Geheimagenten-Schule, der Kopf der Organisation. Du kannst mich Boss nennen.

Du möchtest also lernen, wie man in sieben Tagen Geheimagent wird? Dann stelle ich dir jetzt die Experten vor und öffne meine supergeheimen Akten.

Das bin ich.
Geheimagent 001
Deckname: Boss
Ich bin der beste Geheimagent.

Das ist Lotta.
Geheimagent 002
Deckname: Clever
Sie ist Elektronikexpertin.

Und das ist Agent 003
Deckname: Mini
Er ist eine winzige Geheimwanze – mit Spezialtricks.

Prüfliste

Beantworte diese Fragen, damit wir wissen, ob du das Zeug zum Geheimagenten hast.

Als Agent brauchst du einen Decknamen. Hier sind ein paar Ideen: Versuche es mit dem Namen eines Planeten (Geheimagent Jupiter) oder mit deinem Lieblingssport (Geheimagent Skater) oder einem Tier (Geheimagent Panther).

- Erforschst du gerne Geheimnisse? ☐
- Kannst du ein Geheimnis für dich behalten? ☐

- Gelingt es dir, in einer Menschenmenge unterzutauchen? ☐
- Kannst du dich ganz leise anschleichen? ☐
- Machst du immer deine Hausaufgaben? ☐

- Verkleidest du dich gerne? ☐
- Stehst du auf coole Geräte? ☐
- Bewahrst du Ruhe in brenzligen Situationen? ☐

Wenn du alle Antworten mit Ja beantwortet hast, bist du der geborene Geheimagent. Glückwunsch! Du bist dabei! Doch jetzt kommt harte Arbeit auf dich zu. Setz die Sonnenbrille von der letzten Seite im Buch auf und los geht's.

Das Hauptquartier

Auch Geheimagenten müssen irgendwo leben. In der Agentensprache nennt man ihr Hauptquartier „Onkel“. Dort wirst du deine Aufträge planen und deine supergeheimen Akten und Geräte verstecken.

Bastle dir ein geniales Türschild, um feindliche Geheimagenten auszutricksen. Auf der einen Seite ist es ein einfaches Türschild, aber auf der Rückseite zeigt es den Ort deines Hauptquartiers an.

Du brauchst:
- leere Müslischachtel
- Schere
- schwarzen Stift
- Wasserfarbe + Pinsel
- doppelseitiges Klebeband

1. Schneide mit der Hilfe eines Erwachsenen den Boden der Schachtel ab. Das wird der Halter.

2. Schneide in eine Längsseite einen schmalen, länglichen Schlitz.

3. Schneide vom Rest der Schachtel ein Stück ab, das so breit ist wie der Schlitz und etwas höher als der Halter. Das wird dein Schild.
4. Male den Halter innen und außen in einer dunklen Farbe an.

5. Das Schild malst du in einer helleren Farbe an.
6. Wenn die Farbe trocken ist, schreibe auf eine Seite des Schildes deinen Namen und auf die Rückseite „Hauptquartier“.
7. Stecke das Schild in den Schlitz und befestige den Halter mit Klebeband an deiner Tür.

Auch wenn dein Türschild das Hauptquartier gut tarnt, musst du damit rechnen, dass jemand darin herumschnüffelt. Was kannst du dagegen tun? Geheimagenten kennen ein paar trickreiche Fallen gegen Eindringlinge.

Haar-Alarm

1. Reiße dir vorsichtig ein Haar aus (nur eins!).
2. Verlasse das Zimmer und schließe die Tür.
3. Klemme das Haar dabei vorsichtig zwischen den Rahmen und die Tür.
4. Verlasse die Wohnung.
5. Wenn du zurückkommst und das Haar ist weg, war jemand in deinem Zimmer!

Aufräumfalle

Geheimagenten brauchen ein gutes Gedächtnis, und diese Übung wird dir helfen, es zu trainieren.

1. Schau dich in deinem Zimmer um und merke dir, wo alles ist.
2. Verlasse dein Zimmer.
3. Wenn du später zurückkommst, schau dich um. Wenn etwas woanders liegt, wurde dein Zimmer durchsucht!

Verdeckte Ermittlung

Ein Geheimagent muss verdeckt ermitteln, sich also gut tarnen. Benutze alte Brillen, Gürtel, Schuhe oder Taschen, um dein Aussehen zu verändern. Übe vor dem Spiegel und trickse deine Familie aus.

Zu große Kleider und dicke Jacken verbergen deine Figur. Dicker wirkst du, wenn du dir Pullis um den Bauch und Schals um Arme und Beine wickelst.

Mithilfe von Perücken, Hüten, Brillen und Schals siehst du ganz anders aus. Du kannst dir auch die Haare anders frisieren.

Vergiss nie, dass es dein Ziel ist, dich zu tarnen und die Leute zu täuschen. Wollmütze und Schal im Sommer sehen dagegen eher verdächtig aus.

Manche Leute sagen, dass unsere Augen die Fenster zur Seele sind – verstecke sie also. Ein echter Geheimagent trägt immer eine coole Sonnenbrille.

Ein falscher Bart verändert dein Aussehen total. Nimm den Bart von der letzten Seite im Buch, ziehe die Schutzfolie ab und klebe ihn dir über die Lippen.

----- Passende Schminke -----

Ziehe deine beste Verkleidung an und schau in den Spiegel. Erkennst du etwas? Ja, dich! Also braucht auch dein Gesicht eine Art Verkleidung. Erst durch Schminke wirst du nicht mehr zu erkennen sein.

Du brauchst:
- dunklen Augenbrauenstift
- Spiegel

1. Damit du richtig alt aussiehst, kneife ein Auge zusammen und male die Falten vorsichtig mit dem Augenbrauenstift nach.
2. Mache dasselbe mit dem anderen Auge.
3. Müde wirkst du, wenn du mit dem Augenbrauenstift dunkle Schatten unter deine Augen malst.

2. Tag

Die Körpersprache

Gute Agenten wissen, dass zu einer Verkleidung nicht nur Kleidung und Schminke gehören, sondern auch die Art, sich zu bewegen. Übe vor dem Spiegel verschiedene Gangarten.

Wenn du zu Hause genug geübt hast, macht es Spaß, deine Tricks in der Öffentlichkeit auszuprobieren. Drehe beim Laufen deine Füße nach innen oder außen. Versuche, mit angewinkelten Beinen zu gehen. Schauen dich die Leute anders an als sonst?

Wenn du humpeln willst, ziehe ein Bein hinter dir her. Aber merke dir, welches Bein du nachziehst, sonst fällst du auf. Einen Stein in deinen Schuh zu legen, ist ein weiterer Trick, um deinen Gang zu verändern.

Es kommt nicht nur darauf an, wie du dich bewegst – achte auch darauf, wie sich andere Leute bewegen. Geheimagenten bemerken alles. Du kannst viel aus dem Verhalten der Leute lernen, nicht nur aus dem, was sie sagen. Das genaue Beobachten der Körpersprache gehört zu den Fähigkeiten eines Top-Geheimagenten.

Klopfen mit den Fingern kann ein Zeichen von Ungeduld sein.

Das Kauen an den Fingernägeln kann ein Anzeichen dafür sein, dass jemand nervös ist.

Wenn jemand die Hände in die Hüften stemmt, kann das Wut ausdrücken.

Zupfen am Ohr kann ein Hinweis auf mangelnde Entschlossenheit sein.

Mit den Haaren spielen kann auf Unsicherheit hindeuten.

3. Tag

Ein Ziel beschatten

Jetzt geht es darum, ein Ziel zu beschatten. So sagt man in der Agentensprache, wenn man jemanden verfolgt. Dein Ziel ist die Person, die du ausspionieren willst. Sie darf es natürlich nicht bemerken – also lege deine beste Verkleidung an!

Wähle dein Ziel aus. Deine Eltern sind ideal – sie sind sicher beschäftigt und abgelenkt. Erforsche zuerst ihre Gewohnheiten. Wo sind sie normalerweise zu einer bestimmten Tageszeit? Schreibe dir alles in das Notizbuch, das du auf der letzten Seite findest.

Denke dir eine Ausrede aus, falls du erwischt wirst. Wenn du deine Mutter in der Küche ausspionierst, kannst du zum Beispiel sagen, dass du etwas zu essen suchst, weil du hungrig bist. Überlege auch, wo du dich verstecken kannst, um dein Ziel zu beschatten. Hinter dem Sofa? Unter dem Tisch?

Der Zeitungstrick

Der Zeitungstrick ist ideal für öffentliche Plätze. So beobachten clevere Geheimagenten ihr Ziel, ohne selbst gesehen zu werden. Frag aber vorher deine Eltern, ob sie die Zeitung schon gelesen haben!

Du brauchst:
- Zeitung
- Schere

1. Nimm die äußerste Seite der Zeitung weg.
2. Schneide zwei Gucklöcher in die restliche Zeitung. Lass dir dabei von einem Erwachsenen helfen.
3. Lege jetzt die äußerste Seite wieder um die Zeitung.

4. Um dein Ziel zu beobachten, ziehst du einfach die äußerste Seite kurz nach unten und schaust durch die Gucklöcher. Wenn deine Zielperson etwas bemerkt, ziehst du die Seite schnell wieder nach oben.

3. Tag

Minis Wanzentrick

Wenn Geheimagenten ein Gespräch belauschen wollen, benutzen sie dafür Abhörgeräte, so genannte Wanzen. Bau dir eine eigene Geheimagenten-Wanze wie Mini. Sie ist das perfekte Haustier!

Du brauchst:

- geringelten Strumpf
- Schere
- Filzstift
- Papier
- 4 Pfeifenreiniger
- 2 Bänder
- Klebstoff
- Zeitung oder Papiertaschentücher

1. Stopfe den unteren Teil des Strumpfes mit Taschentüchern oder Zeitung aus, bis er wie eine Wurst aussieht. Schnüre das Ende mit einem Band zu.

2. Stopfe den oberen Teil ebenfalls mit Taschentüchern oder Zeitung aus, bis du eine Kugel hast. Schnüre auch dieses Ende mit einem Band zu. Lass dir von einem Erwachsenen den überstehenden Strumpf abschneiden.

3. Bitte den Erwachsenen, sechs kleine Löcher in den Körper und zwei kleine Löcher in den Kopf zu schneiden, je zwei nebeneinander.

4. Fädle für die Beine drei Pfeifenreiniger durch die Löcher am Körper. Mache in der Mitte einen Knoten und rolle die Enden ein.
5. Mit dem letzten Pfeifenreiniger machst du am Kopf auf die gleiche Weise die Antenne.
6. Male mit dem Filzstift Augen und Mund auf das Papier, schneide sie aus und klebe sie auf den Kopf.

------- Wanzenverstecke -------

Jetzt ist deine Wanze fertig zum Einsatz. Pass gut auf sie auf – sie ist dein wichtigstes Hilfsmittel! Du kannst sie bei deinen Aufträgen mitnehmen, aber verstecke sie gut, damit niemand Verdacht schöpft.

Verstecke sie in deiner Hosentasche.

Stecke sie in deine Schultasche.

Lass sie zur Überwachung in deinem Hauptquartier.

4. Tag

Geheimbotschaften

Jetzt hast du genügend Informationen gesammelt und es ist Zeit, einem anderen Agenten eine Geheimbotschaft zu schicken. Schlaue Agenten kennen eine Menge Tricks dafür. Hier findest du die besten.

----- Unsichtbare Tinte -----

Dafür musst du nicht zaubern – es geht geheimagentenleicht!

Du brauchst:
- Papier
- Lampe
- dünnen Pinsel
- Zitrone
- Schüssel oder Tasse

1. Schneide die Zitrone in zwei Hälften und presse den Saft in die Schüssel oder Tasse.
2. Tauche den Pinsel hinein und schreibe die Geheimbotschaft auf das Papier.
3. Lass die Geheimtinte trocknen.
4. Halte das Blatt nah an eine Lichtquelle, wie zum Beispiel eine Schreibtischlampe. Durch die Wärme wird der Zitronensaft braun und die Geheimbotschaft sichtbar!

– Gummiband-Geheimbotschaft –

Du kannst deine Geheimbotschaft auch auf ein einfaches Gummiband schreiben.

Du brauchst:
- breites Gummiband
- Filzstift
- Buch

1. Lege das Gummiband um das Buch.
2. Schreibe deine Geheimbotschaft so klein wie möglich auf das Gummiband und lass die Schrift trocknen.
3. Nimm das Gummiband vom Buch.
4. Zum Lesen der Nachricht muss der Empfänger das Gummiband nur auseinanderziehen.

------ Blätter-Tarnung ------

Du willst im Freien eine Geheimbotschaft verschicken? Dann nutze das Blattversteck!

Du brauchst:
- großes Blatt
- Stift
- kleines Blatt Papier
- Bindfaden

1. Rolle das Blatt um den Stift.
2. Befestige das Blatt mit dem Bindfaden und lass es trocknen (etwa zwei Tage).
3. Ziehe das Blatt vom Stift und entferne den Bindfaden. Schreibe eine geheime Nachricht auf das Papier. Rolle es zusammen und schiebe es in die Blatthülle.

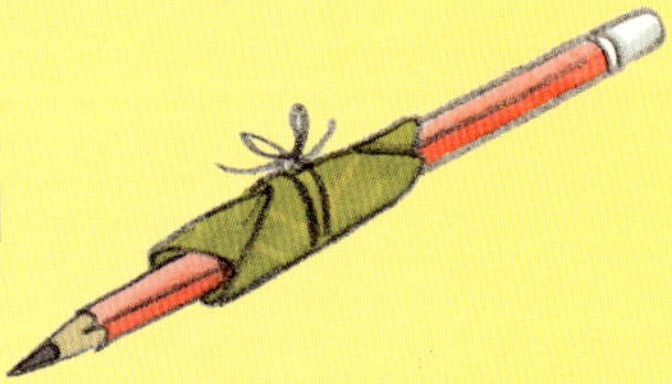

4. Tag

Verschlüsselte Nachrichten

Gute Geheimagenten beherrschen ein besonderes Alphabet. In einer brenzligen Situation bitten sie mit einer verschlüsselten Nachricht um Hilfe. Die bekannteste Verschlüsselung von Buchstaben ist das Morsealphabet. Lerne es am Besten auswendig.

A	·–
B	–···
C	–·–·
D	–··
E	·
F	··–·
G	––·
H	····
I	··
J	·–––
K	–·–
L	·–··
M	––
N	–·
O	–––
P	·––·
Q	––·–
R	·–·
S	···
T	–
U	··–
V	···–
W	·––
X	–··–
Y	–·––
Z	––··

Das Beste am Morsealphabet ist, dass man es nicht aufschreiben muss.

Du brauchst nur eine Taschenlampe.

1. Schalte die Taschenlampe für drei Sekunden an, dann wieder aus. Das bedeutet „Strich“.
2. Schalte die Taschenlampe für eine Sekunde an, dann wieder aus. Das bedeutet „Punkt“.

Du kannst auch mit dem Finger auf einen harten Untergrund klopfen, wie etwa eine Wand oder einen Tisch.

1. Klopfe dreimal. Das bedeutet „Strich“.
2. Klopfe einmal. Das bedeutet „Punkt“.

Versuche, diese Botschaft im Morsealphabet zu verschicken:

`Hilfe! Ich brauche Schokolade!`

Welche anderen Botschaften könntest du verschicken?

Skytale

Die alten Griechen haben einen tollen Trick erfunden, um Geheimbotschaften zu verschicken: Sie benutzten einen Stock, den sie Skytale nannten. Dieser Holzstock mit einer bestimmten Dicke wurde mit dünnen Pergamentstreifen umwickelt. Die Botschaft schrieb man auf das Pergament, dann wurde es abgewickelt. Die Nachricht konnte nur dann entziffert werden, wenn der Empfänger das Pergament um einen anderen, genauso dicken Stock wickelte.

Du brauchst:

- 2 leere Küchenrollen
- 1 Blatt Papier (DIN A4)
- Schere
- Klebeband
- Stift

1. Schneide das Papier der Länge nach in etwa 2,5 cm breite Streifen.
2 Klebe die Papierstreifen zu einem langen Streifen zusammen.
3. Klebe ein Ende des Streifens oben auf die Küchenrolle und wickle den Rest schräg darum. Die Streifen sollten nah beieinander sein. Klebe das andere Ende fest.

4. Schreibe die Geheimbotschaft quer auf die Rolle, auf jeden Streifen einen Buchstaben pro Zeile.
5. Wickle das Papier ab und gib es einem Freund. Er kann es um die zweite Küchenrolle wickeln und die Geheimbotschaft lesen.

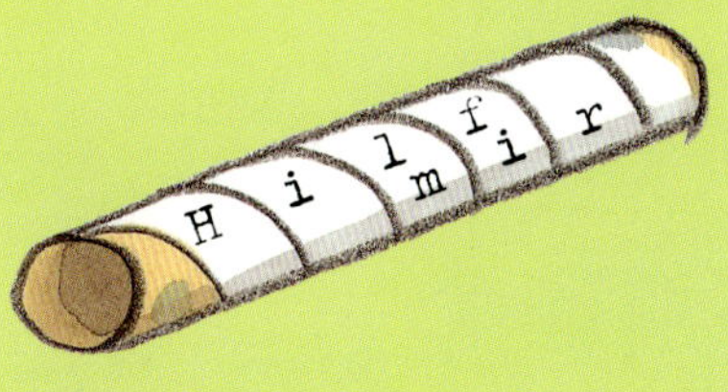

5. Tag

Geheimschrift-Scheibe

Geheimagenten erfinden immer neue Verschlüsselungsarten. Mit diesem speziellen Trick hast du eine Geheimschrift, die man fast nicht knacken kann. Du brauchst nur die beiden Geheimschrift-Scheiben aus diesem Buch – und einen Freund.

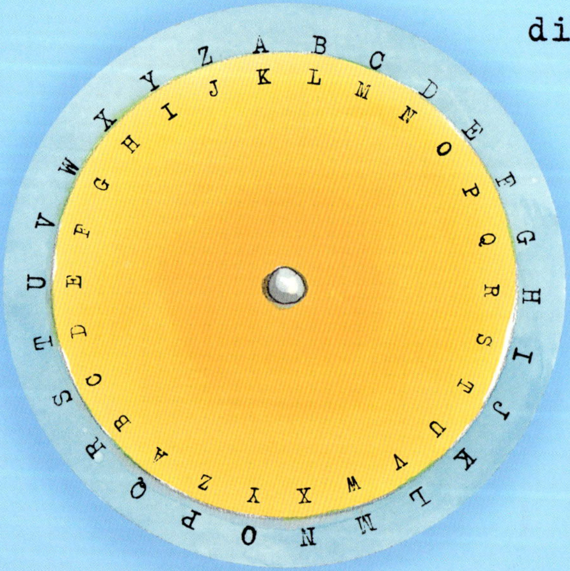

Du und dein Freund nehmt beide eine Scheibe und überlegt euch einen Ausgangsbuchstaben, etwa „K“. Stellt eure Scheiben so ein, dass das „K“ auf dem inneren Rad unter dem „A“ des äußeren Rades liegt. Das „L“ liegt unter dem „B“ und so weiter.

Um eine Geheimbotschaft zu schreiben, tausche jeweils den Buchstaben des äußeren Rades mit dem des inneren.

Achte gut darauf, dass deine Geheimschrift-Scheiben nicht in feindliche Hände fallen! Ändere außerdem täglich den Ausgangsbuchstaben, um ganz sicher zu sein, dass niemand deinen Code knackt.

Mit einem Trick machst du deine Botschaft noch sicherer: Verschlüssele sie zuerst mit der Geheimschrift-Scheibe und schreibe die Nachricht dann noch rückwärts!

Versuche, diese Botschaften zu entschlüsseln. Stelle deine Scheibe so ein, dass das „K“ auf dem inneren Rad unter dem „A“ des äußeren Rades liegt. Die Lösungen findest du ganz vorne im Buch.

KECCOBSBNSCMRO CSXN QOVKXNOD!

OSX POSXNVSMROB KQOXD RKD WSMR SX COSXOB QOGKVD!

UYWW SXC RKEZDAEKBDSOB!

Botschaften übermitteln

Geheimagenten benutzen eine ganze Reihe von Geheimzeichen, wenn sie Botschaften sehr schnell übermitteln möchten. Bist du heute schon auf ein Blatt getreten? Oder hast du alte Schnüre herumliegen sehen? Vielleicht waren das Geheimzeichen!

Nur ein sehr erfahrener Geheimagent wird solche Zeichen erkennen. Gute Agenten ändern ihre Geheimzeichen ständig, um ihre Feinde zu verwirren. Du kannst leicht selbst solche Zeichen erfinden – benutze dafür Schnüre, Blätter oder Zweige.

Geheimagenten benutzen oft spezielle Passwörter, um Freunde und Feinde voneinander zu unterscheiden. Zum Beispiel unterhalten sie sich oft über das Wetter. Ein Geheimagent sagt: „Es wird bald regnen" und wartet auf die zuvor vereinbarte Antwort „Ja, ich brauche meinen Schirm."

Du kannst mit befreundeten Agenten eigene Passwörter erfinden, zum Beispiel den Titel eures Lieblingsfilms oder den Namen eines Stars. Wenn du aber eine falsche Antwort hörst, versuche nicht, den Grund herauszufinden. Mache dich besser schnell aus dem Staub!

------ Der Tauschtrick ------

Der beste Trick, um eine längere Nachricht an einen anderen Geheimagenten zu übermitteln, ist der Tauschtrick. Beide Geheimagenten tragen die gleiche Tasche. Du stellst deine Tasche auf den Boden. Dein Geheimagentenfreund stellt seine Tasche daneben. Ihr unterhaltet euch ein wenig.

Wenn du aufstehst, nimmst du einfach seine Tasche statt deiner. Ihr könnt auch Mäntel oder Bücher benutzen (Geheimbotschaft in der Manteltasche oder zwischen den Buchseiten). Lies die Nachricht erst, wenn dich niemand sieht!

6. Tag

Sichere Verstecke

Wenn der Tauschtrick zu riskant ist, hinterlässt ein Geheimagent eine Nachricht in einem so genannten „toten Briefkasten“. Das ist ein Ort, der nur dir und dem anderen Agenten bekannt ist.

Es gibt viele Orte, an denen man Geheimbotschaften verstecken kann. Schau dir die Beispiele an. Und achte darauf, dass dich niemand beim Verstecken beobachtet.

In einem Busch

In einer CD-Hülle

Hinter einem Bilderrahmen

In einem Buch

Schuhkarton-Safe

Baue dir einen Schuhkarton-Safe, wenn du geheime Akten verstecken willst. Er sieht wie ein normaler Schuhkarton aus, hat aber einen doppelten Boden. Das ist ein tolles Versteck für dein Geheimagenten-Notizbuch.

Du brauchst:
- Schuhkarton
- Schere
- Stift
- dünne Pappe
- Klebeband

1. Zeichne den Umriss des Schuhkartons auf die Pappe.

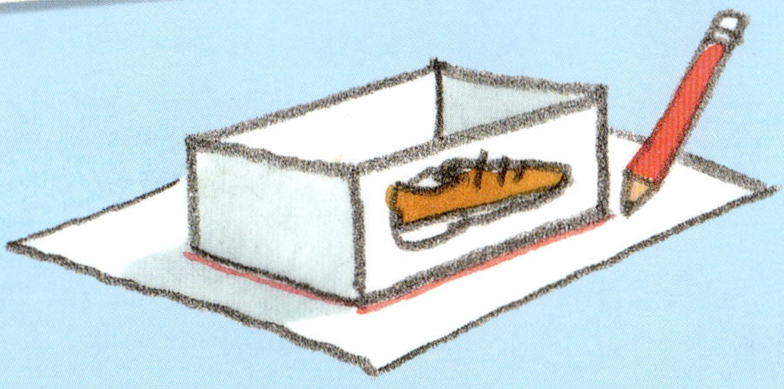

2. Bitte einen Erwachsenen, den Umriss auszuschneiden. Das ist der doppelte Boden.
3. Nimm ein Stück Klebeband und klebe das eine Ende auf eine Seite des Bodens. Dann knicke es um und klebe das andere Ende auf der anderen Seite des Bodens fest, sodass du eine Schlaufe bekommst.

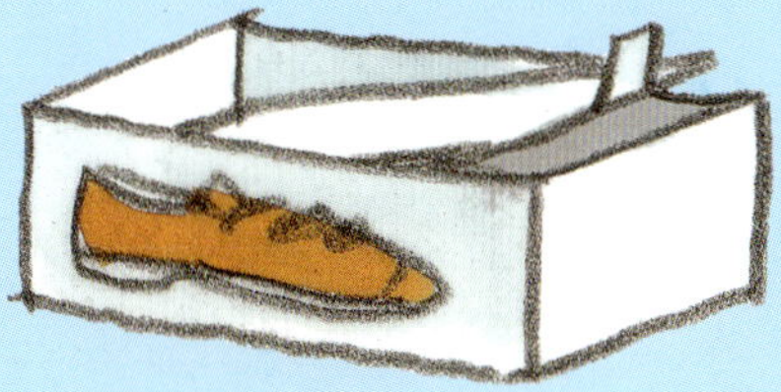

4. Lege den doppelten Boden vorsichtig in den Schuhkarton. Es ist wichtig, dass er gut passt und fest sitzt. Ist er zu groß, schneide ihn vorsichtig etwas kleiner.
5. Verstecke deine Geheimakten unter dem doppelten Boden und stelle den Karton an einen sicheren und unauffälligen Platz.

Geheimagenten-Abschlussprüfung

Du hast die Geheimagenten-Schule fast geschafft. Nun bekommst du noch ein paar wichtige Informationen über einige der berühmtesten Geheimagenten in der Geschichte. Sie waren Meister im Herausfinden und Weitergeben von Geheimnissen.

Willst auch du zu diesen Spitzen-Geheimagenten gehören?

Der römische Feldherr Julius Cäsar erfand einen Geheimcode, um Botschaften an seine Generäle zu schicken.

Die Ninja-Kämpfer in Japan konnten sich so gut tarnen, dass man sie für Zauberer hielt.

Ein Agent im Zweiten Weltkrieg, sein Deckname war Cicero, fotografierte streng-geheime Dokumente für die Deutschen.

Mata Hari war eine Tänzerin, die im Ersten Weltkrieg Offizieren dabei half, geheime Botschaften weiterzuleiten.

Jetzt bist du dran, ein berühmter Geheimagent zu werden. Klebe dein Foto hierher!

Alle Geheimagenten müssen die folgenden Grundregeln beherrschen. Sie sind einfach. Du musst nur: fragen, beobachten und zuhören.

Fragen:
Sprich mit deiner Zielperson. Du wirst erstaunt sein, was dir die Leute alles erzählen.

Beobachten:
Schau genau, was andere Leute machen. Dabei lernst du eine Menge über sie.

Zuhören:
Das ist sehr wichtig für einen guten Geheimagenten. Unterbrich andere beim Sprechen nicht.

Geheimagenten-Schule

DIPLOM

Nun bist du bereit für deinen ersten Auftrag.

Befolge die Regeln der Geheimagenten-Schule:

1. Schreibe alles verschlüsselt auf.
2. Trage immer eine Sonnenbrille.
3. Verrate nie, wo dein Hauptquartier ist.
4. Studiere deinen Auftrag genau.
5. Und das Wichtigste: Bewahre immer ein Geheimnis!

Achtung!
Dieses Buch wird sich in zehn Sekunden selbst zerstören!

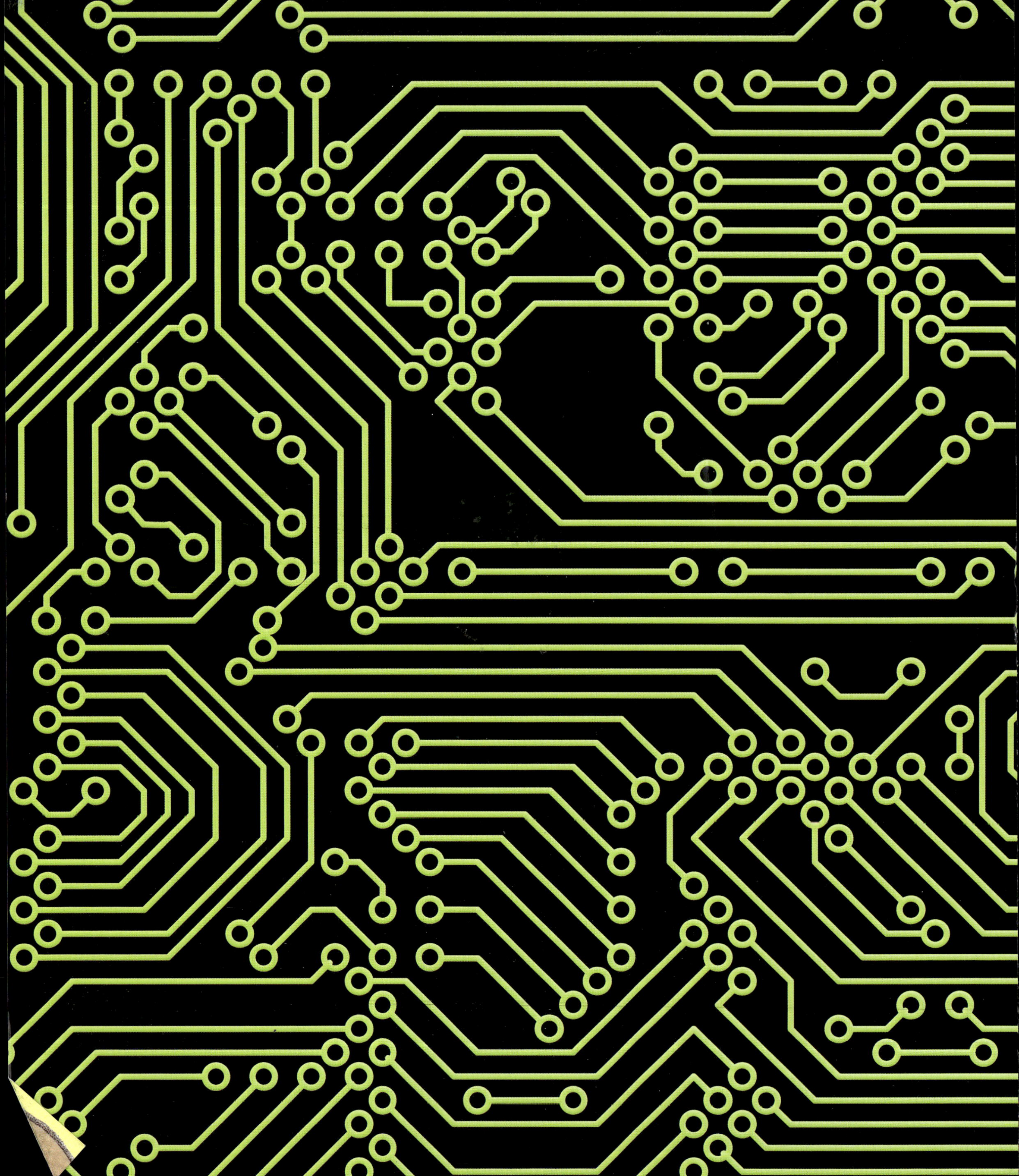